당산봉 꽃몸살

김신자 : 제주시 한경면 용수리 출생, 2001년 〈제주시조〉 지상백일장 당선, 2004년 〈열린시학〉 등단, 2019년 제주어생활수기공모 대상 수상, 정드리문학회 회원, 제주어보전회 회원, 한국방송통신대학 국문학과 졸업, 제주대학교 교육대학원 국어교육과 재학중, 한국문화예술문화위원회 제주문화예술재단 문예창작지원금 수혜, 첫 시집『당산봉 꽃몸살』발간(2020), E-mail: think8378@hanmail.net

다층현대시조시인선 007
당산봉 꽃몸살

발행일 2020년 5월 21일
지은이 김신자
펴낸이 김동진
펴낸곳 도서출판 다층
등록번호 제27호
주소 (63211)제주특별자치도 제주시 오복5길 10, 1층
전화 (064)757-2265/FAX(064)725-2265
E-mail dc2121@empas.com

ⓒ 김신자, 2020. Printed in Jeju, Korea

ISBN 978-89-5744-098-8 03810

값 10,000원

* 지은이와 협의하여 인지를 생략합니다.
* 이 도서는 문화체육관광부, Jeju 제주특별자치도, JFAC 제주문화예술재단의 지원금을 받았습니다.
* 본 책의 내용 전부 또는 일부를 다른 매체에 소개하고자 할 때에는 저자와 본사의 동의를 얻어야 합니다.

다층현대시조시인선 007

김신자 시집

당산봉 꽃몸살

다층

* 페이지 시작과 끝부분에 〉표시는 연을 구분하는 표시입니다.

시인의 말

다시는 시를 쓰지 못할 줄 알았다
왜 자꾸 그렇게 생각했었는지 모르겠다
그런데 다시
어느 봄날 갑자기
녹슨 내 나이를 헤치며
내 안에 울렁울렁 올라오는 언어의 몸짓을 보고
아직 내 정서가 마르지 않았다는 걸 알았다

처음으로 착해지기 위해 날마다 시를 생각했다
시 때문에 괴롭다 고통스럽다 생각할 때도 있지만
시 덕분에 이렇게 다행인 삶을 산다는 것이
얼마나 큰 위로인지 모르겠다

김신자

차례

5_시인의 말

제1부 어머니 인생 가닥가닥

10_아든노
12_굴무기 궤짝
14_생강 전병
16_친정집 소묘
18_헌 밥솥 하나
20_틀니를 닦으며
22_착해지기 위해
24_어머니 손톱이, 나에게
26_어머니의 불턱
28_어머니가 도둑에게
30_염색을 하며
32_살쳇살렴

제2부 당산봉 산 메아리

36_풀돋잇마엔 꽃으로 나오세요
38_아버지가 주신 시계
40_당산봉, 생이기정길에서
42_주민등록증
44_아버지 양복
46_먼길 돌아온 집어등 같은
48_아홉굿 마을 1
50_아홉굿 마을 2

52__따라지 끗발, 저 봄빛은
54__왜 또 왔니
56__헌 소파의 시간
58__함몰

제3부 당신을 열독한 일

62__시집 한 권
64__멍쟁이 가을
66__숭
68__봄날, 나를 잃다
70__꽃기린 선인장
72__건너오는 생각들
74__마른, 한치
76__섬백리향 카톡카톡
78__자필시를 읽다가
80__용수리 저수지에서
82__수월봉 해국
84__낙엽

제4부 다시 나를 매단다

88__쇠별꽃 1
90__쇠별꽃 2
92__백목련
94__준치

96__꽃무릇 1
98__꽃무릇 2
100__꽃무릇 3
102__꽃무릇 4
104__존자암 일기
106__양지공원에서
108__주민세 고지서
110__맥주 한 잔

제5부 오늘은 맑음
114__꺼
116__천왕사 가는 길
118__전농로에서
120__종달리 수국길
122__금등화 1
124__금등화 2
126__금등화 3
128__장미
130__꽃편지를 쓰고 싶다
132__늦가을 가문동 1
134__늦가을 가문동 2
136__늦가을 가문동 3

해설
139__형상화된 시와 제주어의 물큰한 감성 | 양전형

제1부 어머니 인생 가닥가닥

아든노

혼들리는 날씨를 점지하는 일이었다
파도에 베인 상처 한곳에 모아놓고
아든노*, 어머니 인생 가닥가닥 엮인다

아든노, 어머니 인생 가닥가닥 묶는다
매 순간 사는 일이 매듭짓는 일이라면
어머닌, 생의 어디 어디 옭매듭 지었을까

한 세월 해녀의 삶 멍줄로 엮어가며
올올이 몸을 풀어 촛농에 감겨오는
풀어도 풀리지 않는 어머니의 목숨줄

* 아든노 : 해녀들의 물질 도구인 테왁의 망사리에 달린 그물을 '어음(어 음)'에 묶어주는 줄

■ 제주어

아든노

옛날 들르는 날세 점지ᄒᆞ는 일이랏다
쎈 절에 버인 헐리 혼 밧디레 모다난
아든노, 어머니 인생 가닥가닥 엮인다

아든노, 어머니 인생 가닥가닥 묶은다
매 순간 사는 일이 ᄆᆞ작짓는 일이라민
어머닌, 생의 어디 어디 맞ᄆᆞ작 지어시코

혼 세월 좀녀의 삶 명줄로 엮아가멍
올올이 몸을 풀멍 촛농에 감겨오는
풀어도 풀지 못ᄒᆞ는 우리 어멍 돌멘 목심

굴무기 궤짝

친정집 안방에다 둥지 튼 느티나무
세상이 궁금하면 이따금 여닫으며
멀고 먼 이야기들이 그 속에서 살아요

절망의 가난들이 습기로 배어있는
그곳엔 나프탈렌도 어머니와 살아요
덕분에 좀 먹지 않는 어머니의 아흔여섯

지금은 낮 한 시쯤 째깍째깍 걷고 있는
내 관절 기둥처럼 수분이 바싹 말라
세상을 넘나드는 소리 삐걱삐걱하지만

예순다섯 성상 품은 큰오빠 배냇저고리와
가족들 생년월일 빼곡히 적어놓고
수백 년 굴무기 궤짝 조용조용 살아요

■ 제주어

굴무기 궤짝

친정집 안방에다 둥지 튼 굴무기낭
시상이 주우릇ᄒ민 가끔쏙 으덖으멍
먼먼훈 이와기덜이 그 안에 살암수다

서난훈 절망덜이 숩기로 배어이신
그 소곱엔 나프탈렌도 어머니영 살암수다
덕분에 좀 먹지 안훈 어머니의 아은ᄋ숫

지금은 낮 훈 시쯤 째깍째깍 걷고 이신
나 관절 지둥추룩 수분이 비짝 몰란
시상을 넘나드는 소리 뻬각뻬각ᄒ멍도

예순다슷 성상 쿰은 큰오라방 배냇저고리광
식솔덜 난날난시 줏줏이 죽아둠서
수백 년 굴무기 궤짝 궤양궤양 살암수다

생강 전병

아린 맛 중독성엔 질긴 내력 있는 거다
생강 전병 좋아하는 어머니의 둥근 마음
아홉 살 오일장에서 또렷하게 읽었다

신념의 어린 생각 마침내 어른 된 후
생강 전병 사 들고 올라탄 완행버스
용수리 비포장도로 굼뜨게 가도 좋았다

세월이 흘러갔다 등굽은 내 어머니
생강 전병 꺼내 보며 "이 없어 못 씹겠다"
어깨를 슬쩍 움츠리며 맥이 빠진 목소리

아린 맛 중독성엔 질긴 내력 있는 거다
생강 생각 아린 날 한밤중 내 딸 아이
마트에, 엄마 좋아하는 생강과자 사고 갈까?

■ 제주어

생강 전벵

아린 맛 중독성엔 질긴 내력 있는 거주
생강 전벵 좋아ᄒᆞ는 어머니의 둥근 ᄆᆞ음
아홉 술 오일장이서 도렷ᄒᆞ게 익엇다

신념의 두린 셍각 ᄆᆞ츰내 어른 뒌 후제
생강 전벵 사들고 올라탄 완행버스
용수리 비포장도로 느렁테로 가도 좋앗다

세월이 흘러갓다 등굽은 우리 어멍
생강 전벵 꺼내보멍 "니 웃언 못 씹으켜"
웃둑지 술리 스리멍 맥이 빠진 그 목청

알린 맛 중독성엔 질긴 내력 있는 거주
생강 셍각 아린 날 ᄒᆞ밤중 나 ᄄᆞᆯ 아이
마튼데, 어멍 좋아ᄒᆞ는 생강꽈자 상 가카?

친정집 소묘

한 짝이 없는데도 나머지 신발 한 짝
외로운 이 봄날에도 꽃그늘 받쳐 있네
추억을 몸에다 내논 마당가 진달래꽃

처녀 적 이 주소로 그 편지 또 왔을까
막내딸 건사하는 아버지 취기 속에
바다는 불배로 뜬다, 먼 섬은 기침 소리

지워라, 문지방에 쥐똥색 생년월일
때 절은 벽지에서 아버지 등장하면
새벽녘 옥돔 한 마리 금비늘로 날뛰네

갯마을 봄 한 자락 물고 선 참민들레
훠얼훨 떠다니는 설익은 갯비린내
마당에 테왁으로 뜬 일편단심 어머니

■ 제주어

친정집 소묘

혼 착이 웃인디도 남제기 신발 혼 착
웨로운 이 봄날에도 꼿굴메 받촨 싯네
추억을 몸에다 내논 마당에염 선달래꼿

비바리 적 이 주소로 그 펀지 또 와신가
막냉이똘 거념ᄒ는 아부지 취기 소곱에
바당은 불배로 튼다, 먼 섬은 지침 소리

지우라, 문지방에 쥐똥색 난날난시
때 절은 벡지에서 우리 아방 나오민
세벡녘 생성 혼 모리 금비늘로 눌뛰네

겟ᄆ실 봄 ᄒᄌ락 물언 산 씬부루케
훠얼훨 터뎅이는 덜익은 갯비렁내
마당에 테왁으로 튼 일편단심 어머니

헌 밥솥 하나

어쩌다 둥근 기억 버리지 못했을까
수돗가 돌담 위에 득도 후의 초연함
때 절은 헌 밥솥 하나 시간들을 퍼낸다

어느 날은 무당집, 어느 날은 절간으로
십 년간 소식 끊긴 딸 소식 점지하며
밤새워 골라두었던 언어들도 퍼낸다

그래, 저리, 저혼자 주름이 졌겠는가
저 속엔 찬밥 볶듯 달달 볶은 세월 있고
주름진 어머니 얼굴도 새겨져 있을 게다

■ 제주어

헌 밥솟 ᄒᆞ나

어떠난 둥근 기억 데끼지 못ᄒᆞ신고
수돗가 돌담 우티 득도 후제 초연ᄒᆞᆷ
때 절은 헌 밥솟 ᄒᆞ나 시간덜을 퍼낸다

어떤 날은 무당집, 어느 날은 절간으로
십 년간 소식 읏인 ᄄᆞᆯ 소식 점지ᄒᆞ멍
밤새낭 굴류와 놔둔 언어덜토 퍼낸다

기주, 저영, 지 혼차 주름이 져시카이
식은밥 볶으던 저 소곱
돌돌 볶은 세월도 싯고
주름진 어머니 눗도 새겨젼 이실 테주

틀니를 닦으며

구급차에 실려 온 무청 쪼가리 보았네

가을볕에 말라빠진 용수리 큰 내 같은

어머니 젖 무덤가에도 마침내 오는 첫눈

틀니를 닦네, 풍치된 한 세월을 닦아내네

청진기 신호음 따라 가실 길이 보일까

철 지난 사랑니 하나 대답하듯 돌아보네

■ 제주어

틀니를 닦으멍

구급차에 실련 온 무청 유레기 보앗네

ᄀ슬벳에 들깍훈 용수리 큰 내 곹은

어머니 젯 무덤가에도 ᄆ츰내 오는 쳇눈

틀니를 닦네, 풍치뒌 훈 세월을 닦아내네

청진기 신호음 뜨라 가실 질 보염신가

철 지난 ᄉ랑니 ᄒ나 대답ᄒ듯 돌아보네

착해지기 위해

남편과 다툰 날엔 시 생각만 합니다
얼기설기 엉킨 일상 간격이 필요한지
내 속에 실뿌리들이 흔들리며 웁니다

꽃무늬 앞치마로 식탁에 걸터앉아
거짓의 시일망정 착해지려 씁니다
설움의 영혼 하나가 시공 가득 찹니다

이 시간 순도 높은 봄 슬며시 밀려들고
활자화되지 못한
내 시들이 울면서도
오늘 밤 화봉을 그리다 나를 품고 핍니다

■ 제주어

착헤지젠

서방광 드툰 날은 시 셍각만 홉네다
얼기설기 범벅진 날덜 트멍이 셔사는지
나 소곱 존뿔리덜이 홍글리멍 옵네다

꼿색깔 앞치메로 식탁에 걸처앚아
셍그짓갈 시라도 착헤지젠 썸수다
설루운 영혼 ᄒ나가 시공 ᄀ득 찹네다

이 시간 순도 높은 봄 슬짝이 들어사고
활제가 뒈지 못ᄒ
나 시덜이 울멍도
오널 밤 화봉을 기리당 나를 쿰고 픕네다

어머니 손톱이, 나에게

어머니 손톱 깎는다 어머니가 흙 파며 기른 걸
그저 아무렇지 않게 또깍또깍 깎는데
흙 묻은 어머니 손톱이 내 얼굴 두드린다

너와 나는 같은 신세여, 어머니 몸 떼어져 나와
세상 빙빙 뒹굴며 이리저리 헤매다녀도
하늘에 붙지 못하는 구름 같은 팔자지

너는 왜 모른 척하다가 날 깎아 던지느냐
지금까지 살다 보니 어머니를 아는구나
이러다 어머니 죽으면 고아가 끝내 될테니까

손톱이 하는 말을 내 속도 수긍하다
그만 새끼손가락 살 깎아버리고 말았네
아이쿠, 이 노릇이여, 상처 난 데 피흘린다

아, 우리 어머니 속 이런 색깔이로군
아흔여섯 정성이 이렇게 살아있군
마지막 새끼손톱이 내 품으로 날아든다

■ 제주어

어멍 손콥이, 나신더레

어멍 손콥 갂는다 어멍이 흑 파멍 질룬 거
그자 헤심상ᄒ게 토깍 토깍 갂는디
흑 묻은 어멍 손콥이 나 양지 두들인다

느영나영 ᄀ튼 신세여, 어멍 몸 테여져 나완
시상 벵벵 둥글멍 이레저레 젓어뎅겨도
하늘에 똑기 못 부뜨는 구룸 닮은 팔즈여

는 무사 몰른 첵ᄒ단 날 갂안 데껌시니
이제만이 살단 보난 어멍을 알암구나
영 살당 어멍 죽으민 느시 고아 뒐 거난 이?

손콥이 긷는 말을 나 소곱도 맞뎅 긷단
오꼿 새끼 손고락 술 건드려져 불엇네
아고게, 이 노릇이여, 헐리난 디 피 흘첨저

아, 우리 어멍 소곱 요 색깔이로구나
아은ᄋ숫 공들임 영 살안 신 거구나
마즈막 새끼손콥이 나 쿰더레 눌려든다

어머니의 불턱

흐린 날 재봉틀도 신경통을 앓나 보다
바늘귀 속 하루가 가로지른 바다에
큰언니, 일금 삼천 원 품을 팔듯 누빔질한다

세 살배기 바다에도 낌새는 있었다
항구로 빠져나온 어머니를 붙들고
재가한 충무 바다가 칭얼대던 해조음

살아서 반쯤 바다에 테왁을 띄우고
죽어서 또한 반쯤 섬 몇 개를 띄우고
항구는 숨비소리를 비명으로 띄우던가

바람이 덜컹대는 갱년의 바닷가에
내 비린내 세운다, 장작불 꺼진 자리
불턱*은 어머니 등을 섣불리 안 보인다

* 불턱 : 해녀들이 물질하기 전후 옷을 갈아입고, 불을 피워 쬐기도 하며 온갖 대화가 이뤄지던 공간. 보통 바닷가에 돌담으로 에워싸 출입구를 두고 둥그렇게 혹은 장방형으로 만듦.

■ 제주어

어머니의 불턱

흐린 놀 제봉틀도 신경통 알르는 생이여
바농귀 소곱 ᄒ루가 ᄀ로질른 바당에
큰언니, 일금 삼천 원 쿰을 풀듯 누빔질ᄒ다

시 술 베기 바당이도 낌새는 이섯다
항구로 빠져나온 어머니를 심으멍
재가ᄒ 충무 바당이 홍젱이ᄒ던 해조음

살아서 반쯤 바당에 테왁을 띄우고
죽어서 또한 반쯤 섬 멧 개를 띄우고
항구는 숨비소리를 비멩으로 띄왐신가

ᄇ름이 덜캉대는 갱년의 바당 ᄀ디
나 늘렛내 세운다, 장작불 꺼진 자리
불턱은 어머니 등을 홉불로 안 뷔운다

어머니가 도둑에게

비닐에 싸 두었던 십만 원 없어졌네
땅으로 꺼졌는가 하늘로 솟았는가
누구냐! 빌어먹을 놈 뒈지고도 남을 놈

도둑놈아 보거라 할미 돈 잘 먹었나
방문에 떠억 붙인 어머니의 포고령
한 번은 용서할 테니 제발 사람 되거라

종이 위 맞춤법들 엇박자로 춤추고
홧김에도 적어낸 안쓰러운 측은함
정말로 니 귀 방장*한 어머니 호통 편지

도둑님도 보았나 붙인 편지 사라지고
어머니 만족한 독백 틈틈이 들려오던
또렷한 아이의 눈에 열려있는 안방문

* 니 귀 방장 : '정사각형으로 넓적한' 이라는 제주어.

■ 제주어

어머니가 도독신디

비닐에 싸 두엇단 십만 원 웃어졋저
땅으로 꺼져신가 하늘로 솟아신가
누게고! 빌어먹을 놈 뒈어지당 남을 놈

도독놈아 보거라 할미 돈 잘 먹어샤
방문에 떠억 부찐 어머니의 포고령
훈 번은 용서홀 거난 제발 사름 뒈라게

종이 위 맞춤법덜 엇박자로 들러퀴고
분절에도 죽아논 애좆이는 측은홈
춤말로 니 귀 방장훈 어머니 호통 편지

도독님도 봐신가 부찐 편지 웃어지고
어머니 입엣ᄇ절* 트멍트멍 들려오던
또렷훈 아이의 눈에 올아젼 신 안방문

* ᄇ절 : 경계하면서도 좋아하거나 즐겨하는 일.
* 입엣ᄇ절 : 말하는 일.

염색을 하며

지삿개 매운바람 동백숲에 잠든 날
천 원짜리 염색약 스치로폴 방석 깔고
어머니 노란 꽃으로 공짜 물들이신다

협궤열차길 흰 가리마에 기울어진 낮달
짓이겨진 칫솔로 열병의 인생 닦는다
내 잇속 누런 찌꺼기 흔적없이 없애듯

어머니와 감나무 늘 함께 휘어가고
날씨만 흐려져도 정지문 삐걱인다
한 생애 왜 안달일까 허겁지겁 저 소나기

■ 제주어

염색을 ᄒᆞ멍

지삿개 매운 ᄇᆞ름 돔박숲에 줌든 늘
천 원짜리 염색약 스치로폴 방석 ᄭᅵᆯ안
어머니 노란 꼿으로 공쩌 물 들이신다

협궤열츠질 힌 가리마에 자울아진 낯돌
짓이겨진 칫솔로 열벵의 인생 닦아낸다
나 닛속 누런 찌꺼기 페적을 지와불듯

어머니영 감낭은 느리내낭 휘어가고
날세만 우쳐가도 정지문 삐각삐각
ᄒᆞᆫ 생을 무사 좆촴신고 허둥치는 저 쏘네기

살챗살렴*

내분비 내과에서 술을 당장 끊겠다 했다
앞으론 별별 일 다 이기며 참겠다니
더 이상 눈물 바람의 이별은 없으리라

얼마 뒤 그를 다시 회식에서 만났을 때
옷소매 잡아끌고 옆구리 찔러대도
자신은 그런 적 없다며 시치미를 떼었다

추억을 다 덮으며 세상 어찌 살겠는가
백지 수표 같은 약속 허멩이 문세* 되며
아내는 잔소리만 늘고 독한 여자 되었다

오가는 말들 속엔 시차가 있는 걸까
그 사이 온도차가 1도쯤 북상해도
그렇게 참고 사는 거, 흐르는 게 세상사

* 살챗살렴 : 남편과 아내가 더불어 힘을 합쳐 열심히 살려고 하는 의지가 있는 살림.
* 허멩이 문세 : 아무런 소득도 없는 헛일. 효력이 없는 문서.

■ 제주어

살챗살렴

내분비 내과에서 술을 확 끈으켄 헷다
앞으론 벨벨 일 모 이기멍 춤으켄 ᄒ난
더 이상 눈물 브름으로 이벨은 웃일 거다

그루후제 그 사름 회식에서 만나지난
옷스미 줍아뎅기멍 존둥일 찔러봐도
이녁은 경혼 일 읏덴 펀두룽 펀펀이랏다

추억을 모 덮으멍 시상 어떵 살 거라
백지 수표 같은 약속 허멩이 문세 뒈멍
각시는 존다니만 늘고 독훈 여즈 뒈엇다

오멍가멍 말덜 소곱 시차가 이신 건가
그 스이 온도차가 1도쯤 올라와도
그추룩 춤앙 사는 거, 흘르는 게 시상 일

2부 당산봉 산 메아리

풀돋잇마엔 꽃으로 나오세요

딸 아들 손을 잡고 당산봉 오르는 길
오름 중턱 찔레꽃 오순도순 피어서
괜스레 아버지 생각이 눈물을 만듭니다

한겨울 말문 닫고 떠나신 아버지를
봄 되면 찔레꽃으로 피워내는 풀돋잇마
오늘은 꽃잎 사이사이 목소리도 배인 듯

새 생명 꿈틀대는 당산봉에 오르면
메아리 메아리로 주고받는 그리움
아버지, 풀돋잇마엔 꽃으로 나오세요

* 풀돋잇마 : 봄철 풀이 돋을 시기에 자주 내리는 비

■ 제주어

풀돈잇마엔 꼿으로 나옵서예

똘 아덜 손을 심언 당산봉 올르는 질
오롬 중턱 새비꼿 봉긋봉긋 피어서
눈물이 아무상읏이 아부지 셍각 홉니다

혼저슬 말문 덖언 줌드신 아부지를
봄 뒈민 새비꼿으로 베르쓰는 풀돈잇마
오널은 꼿썹 트멍트멍 배인 듯혼 그 목청

새 목심 꾸물거리는 당산봉에 올르민
산울림 산울림으로 주고 받는 그려움
아부지, 풀돈잇마엔 꼿으로 나옵서예

아버지가 주신 시계

아이가 꾸었던 꿈 시계를 가지는 꿈
앙상한 손목에다 그려주던 아버지
그 시간 친정집 돌아 갯바위에 공회전한다

당신 시곗줄 줄여 내 손목에 채우던 날
지금 몇 시? 지금 몇 시? 시계만 보게 하던
지삿개 애기똥풀아, 앞니 빠진 그 물음아

아버지 가시는 날 시간도 자릴 떴다
청명날 당산봉 무덤 알람에 깨어날까
언젠가 돌아온다는 시간 약속해 둘 걸

■ 제주어

아부지가 주신 시계

아이가 꾸왓던 꿈 시계를 ᄀ지는 꿈
앙상훈 홀모게기에 기려주던 아부지
그 시간 친정집 돌아 겟바우에 공회전훈다

이녁 시곗줄 줄연 나 홀목에 채우던 날
지금 멧 시? 지금 멧 시? 시계만 보게 ᄒ던
지삿개 애기똥풀아, 앞니 빠진 그 물음아

아부지 가시는 날 시간도 자릴 떳다
청멩눌 당산봉 무덤 알람에 일어사카
은젠가 돌아오켕 흔 시간 약속 헤두컬

당산봉, 생이기정길에서

봄바람에 흔들리랴 사정없이 흔들리랴
라파엘로 따라왔다 혼자 남은 당산봉
오늘밤 미사 올리듯 불을 올린 용수 포구

생이기정 구절초 그 곁에 폿볼레낭
방울방울 바다를 보면, 붉은 눈으로 보면
어머니 숨비소리가 기정을 올라온다

아버지는 알고 있다 저 물결이 하고픈 말을
화상물 절벽에서 밤새워 울던 새를
서럽게 오름 능선이 걸어놓은 수평선

* 폿볼레낭 : 팥알만큼 작은 보리수나무.

■ 제주어

당산봉, 생이기정질에서

봄브름에 홍글리카 스정읏이 홍글리카
라파엘로 뜨라왓단 혼차 남은 당산봉
오널밤 미사 올리듯 불을 올린 용수 포구

생이기정 드릇국화 그 염에 폿볼레낭
방올방올 바당을 보민, 벌겅흔 눈으로 보민
어머니 숨비소리가 기정을 올라온다

아부지는 알고 잇다 저 물절이 흐고픈 말을
화상물 절벡이서 밤새낭 울던 생이를
설룹게 오롬 능선이 걸어놓은 물ᄆ르

주민등록증

더이상 용수 포구엔 배가 들지 않는다
바다를 가로질러 메워가는 저 포클레인
절부암 사연도 이제 유물처럼 떠돌겠네

왜 그리 바삐 갔을까, 놓고 가신 주민등록증
지금쯤 저승에서 불심검문 안 당할까
폐비닐 저 오존층에 갇히신 내 아버지

4월엔 멀미난다, 어질머리 저 방사탑
우리 집 궤짝까지 액운을 막아주던
독수리 저 날랜 눈빛, 눈알쪼는 그리움

■ 제주어

주멘증

더이상 용수 포구엔 배가 들지 안흐다
바당을 ㄱ로질런 메와가는 저 포클레인
절부암 ᄉ연도 이젠 유물추룩 떠돌켜게

무사 경 제게 가신고, 내불고 간 주멘증
지금쯤 저싱이서 불심검문 안 당흐카
폐비닐 저 오존층에 가두와진 아부지

ᄉ월엔 멀미난다, 어질머리 저 방ᄉ탑
우리 집 궤짝ᄭ지 동티를 막아주단
소로기 저 놀랜 눈빗, 눈알 쪼는 그려움

아버지 양복

우리 집엔 분홍보따리 가보처럼 의젓하다
일 년에 한두 번은 햇살도 쬐어주는
집문서 밭문서보다 더 윗자리 양복 한 벌

일본에 간 아버지의 꿈, 챔피언 벨트였다
밀항의 인생 한 방 회심의 어퍼컷 한 방
오십 년 꽉 품어 안은 궤짝 속 분홍보따리

아버지 따슨 온기 그 안에 남았을까
어머니 눈 때문에 못 썩는 좀약 하나
찔레꽃 하얀 향기로 야무지게 버틴다

■ 제주어

아부지 양복

우리 집이 분홍포따리 가보추룩 의젓ㅎ다
일 년에 ᄒ두 번은 벳살도 쮀와주는
집문세 밧문세보담 더 웃자리 양복 ᄒ 벌

일본에 간 아부지의 꿈, 챔피언 벨트엿다
밀항의 인생 ᄒ 방 회심의 어퍼컷 ᄒ 방
오십 년 꽉 쿰어 안은 궤짝 소곱 분홍포따리

아부지 ᄄ신 온기 소곱에 남안 시카
어머니 눈 따문에 못 썩는 좀약 ᄒ나
새비낭 헤양ᄒ 향기로 ᄋ망지게 ᄌ딘다

먼길 돌아온 집어등 같은

도두봉 반쯤 놓쳐 이쯤에서 돌아서면
비로소 바다에도 가을이 오나보다
도대체 어디에 섬을 놓고, 어디에 뭍을 앉힐 것인가

한 줌 파도 떠든 손에 여우볕이 깃들면
전표 한 장으로 야반도주한 섬 하나
미싱값 일금 삼천 원 갯쑥부쟁이 떠돈다

마늘 한 접 빠져나간 이땅의 그리움은
몰락한 김 씨네 집 피조개 껍질로 뜬다
추석날 먼 길 돌아온 어머니 집어등 같은

■ 제주어

먼질 돌아온 집어등 곹은

도두봉 반착 놓쳐 이쯤이서 돌아사민
ᄆᆞ츰내 바당이도 ᄀᆞ슬 오는 생이라
도대체 어드레 섬을 놓고, 어드레 뭍을 앚힐 거라

ᄒᆞ줌 절 들른 손에 여우벳이 깃들민
전표 ᄒᆞᆫ 장으로 야반도주ᄒᆞᆫ 섬 ᄒᆞ나
미싱깝 일금 삼천 원 드릇국화 떠돈다

마농 ᄒᆞᆫ 접 빠져나간 이 땅의 그려움은
몰락ᄒᆞᆫ 짐 씨네 집 피조개 닥살로 튼다
멩질날 먼 질 돌아온 어머니 집어등 곹은

아홉굿 마을 1

늦가을 가뭄에도 낙천리는 굿판이다
선무당 신칼처럼 내리치는 냇물 몇 줄
그 은빛 아홉굿 마을, 가을볕이 실린다

이 마을에 내가 든 것도 아홉수가 걸려설까
집집마다 물팡 곁에 모셔놓은 도채비당
친정길 만난 삭정이 그도 함께 빌고 간다

상처가 아니었으면 어떻게 사랑이었으리
해녀 물질 끝나도 끊지 못한 뇌선 같은
못다 한 내 시 한 줄에 신칼을 대고 싶다

■ 제주어

아홉굿 ᄆᆞ을 1

늦ᄀᆞ슬 ᄀᆞ뭄에도 섯세미*는 굿판이다
선무당 신칼추룩 ᄂᆞ리치는 냇물 멧 줄
그 은빛 아홉굿 ᄆᆞ을, ᄀᆞ슬벳이 실린다

이 ᄆᆞ슬에 나가 든 것도 아홉수 걸련 건가
집집마다 물팡 염이 모션 놔둔 도체비당
친정질 만난 삭다리 그도 ᄒᆞ디 빌언 간다

상처가 아니라시민 어떵 ᄉᆞ랑이라시고
줌녜 물질 끗낭도 끈치 못ᄒᆞᆫ 놔선 곹은
못다ᄒᆞᆫ 나 시 ᄒᆞ줄에 신칼을 대고 싶다

* 섯세미 : 낙천리의 옛 지명.

아홉굿 마을 2

유난히 이 땅엔 강 씨 문 씨가 안 맞아
냇물도 바다로 가다 머뭇대는 갈림길
팽나무 신방 그늘이
마을 하나 다스린다

웃뜨르 마을에선 도채비당이라 하지 마라
당산봉, 억새밭 근처 아버지 혼을 풀고 싶다
한사코 덮지 못하는
동티 난 족보 같은

■ 제주어

아홉굿 무을 2

벨나게 이 땅엔 강 씨 문 씨가 안 맞아
냇물도 바당으로 가당 줌막ㅎ는 갈름질
그 폭낭 신방 그늘이
무을 ㅎ나 다슬룬다

웃뜨르 무을이선 도체비당이렌 ㅎ지 말라
당산봉, 어욱밧 염이 아부지 혼을 풀고 싶다
흔사코 덮으지 못흔
동티 난 족보 곹은

따라지 끗발, 저 봄빛은

그래, 그 4월의 황사에 휩쓸린 게지

당산봉엔 당신이
꼼짝꼼짝 고사리 꼼짝[*]
그리움 연좌제 같은 비밀문서 날아든다

종지에 간장처럼 졸아든 저 봄빛은
지금쯤 어느 골방 섰다판을 비추시나
고사리 따라지 끗발, 내팽개친 저 차귀도

아버지, 이제 그만 허리를 굽히세요
바리깡 지난 자리 휘돌아든 골목길엔
뻘기꽃 옮겨 앉았나, 허옇게 핀 저 이발충

* 제주 동요의 한 소절

■ 제주어

따라지 끗발, 저 봄벳은

기여, 그 스월의 황스에 휩쓸린 거주

당산봉엔 이녁이
꼼짝꼼짝 고사리 꼼짝
그려움 연좌제 곹은 비밀문세 눌아든다

종지에 간장추룩 쫄아든 저 봄벳은
지금쯤 어느 골방 셨다판을 비춤신고
고사리 따라지 끗발, 내팽개친 저 차귀도

아부지, 이젠 그만 허리를 굽힙서게
바리깡 지난 자리 휘돌아든 올렛질엔
삥이꼿 웬겨 앚앗나, 헤양케 핀 저 이발충

왜 또 왔니

찌르쭈르 종달새 높이 떠 날개를 편
당산봉 붉은내길* 오늘은 한가하네
아버지 시리운 날들 사르르륵 녹는다

눈 감고 떠난 먼 길 이만큼 나왔으니
좋은 곳 찾아내어 한가이 계시겠죠
글쎄요, 그러실 테죠, 고개 끄덕 갯기름나물

새끼줄을 꼬시던 거칠은 그 손으로
내 손목에 그린 시계 지금도 잘 갑니다
재빨리 어서 일어나 아이들 챙기라 합니다

포근한 그 세상에서 편안하세요 외치니
한 됫박 산메아리로 아버지 달려나와
막내야, 썰렁하게 입고 여기를 왜 또 왔니

* 붉은내길 : 용수리에서 고산1리를 연결하는 농로.

■ 제주어

무사 이딜 또 와시니

찌르쭈르 비죽생이 높이 떤 늘개 페운
당산봉 붉은내질 오널은 한걸ᄒ네
아부지 실려운 날덜 스로로록 녹암저

눈 굼고 떠난 먼 질 이만이 나사시난
좋은 디 촛아내연 한걸이 이실 텝주
게메양, 경헤실 텝주, 고개 그닥 방풍썹

스끼줄 뒈우시던 꺼실락ᄒ 손으로
나 홀목에 그린 시계 요새도 잘 감수다
화륵기 일어나그네 아이덜 출리라 홉네다

둣둣ᄒ 그 시상이서 펜안ᄒ서 울르난
ᄒ 뒈와 산울림으로 아버지 둘려나와
족은 년, 시추렁이 입언 무사 이딜 또 와시니

헌 소파의 시간

버리고 잊혀진 삶은 어디로 가는 걸까
누군가의 온기가 아직 남은 붉은 소파
아파트 이사 행렬에 처분만 기다린다

무릎이 까진 다리 실밥을 토해낸다
땀땀이 꿰맨 내 가슴도 푹 꺼지고 터졌다
가을이 스폰지처럼 납작 앉은 오후 한때

노란 딱지 그 시간도 청소차가 수거한다
반쪽 생 기울어져도 외고집 하나로 앉아
어머니 숨비소리로 푹 꺼진 소파의 시간

■ 제주어

헌 소파의 시간

데껴불고 이즌분 삶은 다 어드레 감신고
누게 온기산디사 안적 남은 벌겅훈 소파
아파트 이스 행렬에 처분만 지드린다

독무룹 까진 다리 실밥을 토액훈다
꼼꼼이 꿰멘 나 가심도 푹 까지고 터젓다
ᄀ슬이 스폰지추룩 멜락 앚인 오후 훈때

노란 딱지 그 시간도 청소차가 실러간다
반착 생 자울아져도 웨고집 호나로 앚안
어머니 숨비소리로 멜싹 까진 소파의 시간

함몰

온 동네 골목골목

돌아 나온 우체부

연애편지 쥐어주고

휑하니 가버린 세월

헐렁한 틀니 사이로

함몰되는 어느 오후

■ 제주어

함몰

온 ᄆᆞ을 고망고망

돌안 나온 우체부

연애펀지 줴여주고

휑ᄒᆞ니 가분 세월

헐렁ᄒᆞᆫ 틈니 스이로

함몰뒈는 어느 오후

3부 당신을 열독한 일

시집 한 권

당신이란 양서를 엎드려 읽습니다
읽을수록 빠져들어 손 놓지 못합니다
내 안에 웬 꽃송이 피어 시큰대는 이 겨울

자음은 당신의 뼈 모음은 당신의 멍
못 보던 시간만큼 흰 서리 무성해도
아무도, 아무도 모르게 당신을 만납니다.

코로나 바이러스 길 멀게 만들어도
태어나 정말 잘한 일 당신을 열독한 일
누구도, 누구도 모르게 당신을 외웁니다.

■ 제주어

시집 훈 권

이녁이란 양서를 엎더젼 익엄수다
익어가난 빠져들언 손 놔불지 못헴수다
내 안이 웬 꼿 호나 피언 시큰대는 이 저슬

자음은 이녁의 빼 모음은 이녁의 멍
못 보던 시간만큼 힌 서리 왕상헤도
아무도, 아무도 몰르게 이녁을 만남수다.

코로나 바이러스 질 멀게 맹글아도
태어나 춤말 잘훈 일 이녁을 열독훈 일
누게도, 누게도 몰르게 이녁을 웨왐수다

멍쟁이* 가을

가을이 끄는 유모차를

어머니가 또 끌어가니

헛도는 바퀴마다 파도 소리 철썩,

이정표 하나 없어도 해국은 저리 피었네

* 멍쟁이 : 용수리에 위치한 마장으로 사용했던 들판.

■ 제주어

멍쟁이 ᄀ슬

ᄀ슬이 끄는 유모차를

어머니가 또 끗어가난

헛도는 바퀴마다 절치는 소리 찰싹,

이정표 ᄒ나 웃어도 해국은 저영 피엇네

숭

비오는 날 후두두, 후두둑 숭도 온다
용수리 그 삼춘이, 그 입이 얼마나 건지
입김은 문장을 짓고 숭들도 밤이 된다

아버지 가신 날도 그 숭이 이어졌다
큰아덜은 느닷없이 짐승으로 울더라
막둥인 소리도 없이 가슴으로 울더라

말 말 끝에 붙이며 잰 입 잰 말 안 하려고
가슴에 돌을 얹고 졸다 잠이 들었다
밑천이 다 드러날 쯤 잠잠해진 그 겨울

이런저런 숭보며 사는 게 한 생이지
그 삼춘 장례식장은 조용할 줄 알았을까
숭이론? 어림없는데, 삼춘 숭들 탈탈 턴다

*숭 : 표준어로 '흉'을 말한다.

■ 제주어

숭

비오는 늘 후두두, 후두둑 숭도 온다
용수리 그 삼춘이, 그 입이 얼메나 건지
입심은 문장을 짓고 숭덜토 밤이 됀다

아버지 가신 놀도 그 숭이 잇어졋다
큰아덜은 난디읏이 짐싱으로 울언게
막냉인 소리도 읏이 가심으로 울언게

말 말 끗디 부찌멍 말베삽지* 말아보젠
가심에 돌 지들루고 졸단 줌이 들엇다
밋천이 몬 나온 후제사 줌줌ᄒ던 그 저슬

영 정 흔 숭덜보멍 사는 게 흔 생이주
그 삼춘 영장밧딘 조용홀 중 알아신가
숭이론? 매매 빈 꽝*인디, 삼춘 숭덜 탈탈 턴다

* 숭 : 표준어로 '흉'을 말한다.
* 말베삽다 : 입이 재고 가볍다
* 매매 빈 꽝 : 아무런 소득도 없다. 아무것도 줄 것도 얻을 것도 없다.

봄날, 나를 잃다

길도 봄을 타는 걸까, 수목원 돌아오면

벚나무 몇 그루가 로터리로 따라와서

댓잎에 신 내리시듯 그리 나를 흔드네

내게도 사금파리 쨍한 생이 있었네

그 꽃잎 당산봉에 훔쳐가신 아버지

아, 나는 지금 부재중, 봄날은 나를 찾는 중

■ 제주어

봄 눌, 나를 일러불다

질도 봄을 탐신가, 수목원 돌아오민

사오기낭 멧 줴가 로타리로 뜨라왕

댓닙에 신 ᄂ리시듯 그추룩 날 홍그네

나신디도 사금파리 쨍호 생이 셔낫네

그 꼿썹 당산봉에 ᄀ져가분 아부지

아 나는, 지금 부재중, 봄날이 날 촟는 중

꽃기린 선인장

몇 년째 키우다가 내다 버린 선인장 하나
바다가 그리운지, 친정이 그리운지
저 혼자 까닭도 없이 하얀 꽃대 피워올렸네

가는 사람 오는 사람 힐끔힐끔 돌아본다
어머니 내력처럼 골목도 함께 늙어
궤짝의 유품에서도 봄날은 남아있네

언제나 남은 절반은 절반을 닮아간다
물질하던 테왁도 팔순엔 퇴직하는가
다음 생, 약속을 하듯 퉁퉁 부은 이 봄날

■ 제주어

꽃기린 선인장

멧 년차 키우단에 데꺼분 선인장 ᄒᆞ나
바당이 그려운지, 친정이 그려운지
지 혼차 끄닭도 웃이 하얀 꽃대 피와올렷네

가는 사름 오는 사름 히뜩히뜩 돌아본다
어머니 내력추룩 올레도 ᄒᆞ디 늙어
궤짝의 유품에서도 봄눌은 남안 싯네

은제나 남은 절반은 절반을 닮아간다
물질ᄒᆞ던 테왁도 팔순엔 퇴직ᄒᆞ는가
다음 생, 약속을 ᄒᆞ듯 퉁퉁 붓은 이 봄눌

건너오는 생각들

어쩌면, 마지막 부름일지 모르겠다
이순예 씨 이순예 씨 익명의 그 목소리
어머니 잘못 든 내력, 해녀증에 떠돈다

떠돈다, 친정집 녹슨 재봉틀로 떠돈다
두 달 치 조제된 약 봉지째 받아들면
접수증 경계선 따라 건너오는 생각들

약효로 견디는가, 바람받이 내 친정집
작별의 인사하듯 동네 한 바퀴 돌아와도
좀처럼 놓지 못한다, 이승의 시간들을

■ 제주어

건너오는 생각덜

어쩌믄 마주막 불름산디 몰르키어
이순예 씨 이순예 씨 익멩의 그 목청은
어머니 잘못 든 내력, 해녀증에 떠돈다

떠돈다, 친정집 녹판 제봉틀로 떠돈다
두 둘 치 조제훈 약 봉다리차 받아들민
접수증 경계선 뜨라 건너오는 생각덜

약효로 존덤신가, ᄇ름 발라 나 친정집
작벨의 인스ᄒ듯 동네 훈 바쿠 돌아완도
좀체로 놓지 못훈다, 이승의 시간덜을

마른, 한치

바다도 세상에 잠시
오고플 때 있나 보다
도대불은 꺼지고 이름만 남은 그 터에
전선에 빨래 걸리듯 걸려있는 한치들

주인이 없었는지
그 한치들 사이에
만 원짜리 지폐 한 장 집게에 물려있다
약간은 장난기처럼 몰래 걸고 갔나보다

비린내도 파도 소리도
가스 불에 올려놓고
호남 말씨 영남 말씨 뒤섞인 자구내 포구
당산봉 어느 무덤도 노을에 익고 있다

■ 제주어

몰른, 한치

바당도 시상에 줌시
오고정 홀 때 싯나 보다
도대불은 꺼지고 일름만 남은 그 터에
전선에 뽈레 걸리듯 걸러이신 한치덜

주연이 웃엇산지
그 한치덜 스이에
만 원짜리 종이돈 호 장 줍게에 물련싯다
흐쑬은 장난끼추룩 물로로 걸어둰 가신가

늘렛내도 절치는 소리도
가스 불에 올려놓고
호남 말씨 영남 말씨 두루섞인 자구내 포구
당산봉 어느 무덤도 노을에 익고 잇다

섬백리향 카톡카톡

이 봄날 핑계 삼아 꽃몸살 앓으시나

내 안에 난리났네 꽃이 핀다 카톡카톡

늦은 밤 흐드러지게 설레는 내 휴대폰

마음이 가는 길에 까닭이 있을까요

내 심장 꽃 벙글며 무선 길 내닫는다

오늘은 분홍 섬백리향 핍니다 카톡카톡

■ 제주어

섬백리향 카톡카톡

이 봄눌 펭계ᄒ연 꼿몸살 알렴신가

나 소곱 난리낫저 꼿이 핀다 카톡카톡

늦인 밤 흐드라지게 설레는 나 휴대폰

ᄆᆞ음이 가는 질에 까닭이 이신가양

나 심장 꼿 베르쓰멍 무선 질 내돋는다

오널은 분홍 섬백리향 피염수다 카톡카톡

자필시를 읽다가

손끝에 전해지던 먹먹함이 번져왔다
밤새워 써 내려간 이백 자 원고지는
당신의 일대기 닮은 멍든 가슴 노래다

오롯이 내 혼으로 쓰여진 행간들이
활활활 피었다가 또 그렇게 지고 마는
영원히 잊을 수 없는 오랜 벗의 유서 같다

간밤엔 어떤 사유로 시 한 편 또 썼을까
첫사랑 고백하듯 혼돈 속의 시공들
불면의 가슴 안쪽이 시큰시큰 아려온다

■ 제주어

자필시를 읽다가

손끗에 웬겨지던 먹먹홈이 피여왓다
밤새낭 써 느려간 이백즈 원고지는
이녁의 일대기 닮은 멍든 가심 놀레다

오롯이 나 혼으로 씨여진 행간덜이
활활활 피엇다가 또 그추룩 지고 마는
영원히 잊지 못ᄒ는 오랜 벗의 유서 곹다

간밤인 무신 스유로 시 ᄒ 펜 또 써신고
쳇스랑 고백ᄒ듯 허천둥이* 시공덜
불멘의 가심 ᄒ펜이 심빡심빡 알려온다

* 허천둥이 : 일정한 목표나 방향 없이 헤매는 사람.

용수리 저수지에서

여기 와 다시 본다
솔방울 소녀를 본다.

사춘기 젖망울 나오듯 탱탱한 저 송진
한여름 실바람에도 물주름지던 그대 같다

꼭꼭 숨겨줘 네 레이더에 내가 떴어
아버지 계신 당산봉 그 끝자락도 비추네
물속에 얼비쳐 오는 내 꿈에 있는 추억들

이제는 마을도 숲도 이곳을 다 버린 듯
포구의 비린내로 휴대폰을 찍는다
불러도, 저수지처럼 귀머거리 된 용수리

■ 제주어

용수리 뱅딋물에서

이레 완 또시 본다
솔방올 비바릴 본다.

사춘기 젯멍울 나오듯 땅땅흔 저 송진
ᄒᆞᆫ름 실ᄇᆞ름에도 물주름지단 이녁 곹다

꽉꽉 곱져도라 느 레이더에 나가 텃저
아부지 이신 당산봉 그 끗뎅이도 비추네
물소곱 얼비쳐 오는 나 꿈에 신 추억덜

이제는 ᄆᆞ을도 숨풀도 이디를 몬 ᄇᆞ린 듯
포구의 늘렛내로 휴대폰을 찍는다
불러도, 저수지추룩 귀막쉬 뒌 용수리

수월봉 해국

허걱, 이 녀석 봐라 아픈 바람 품었군
거기가 어느 세곈데 매달려 버텨보나
수월봉 비크레기에 뿌리내린 외로움

너도, 사람이, 이 세상이, 싫었나보다
슬프고 부끄러운 일 누군들 없겠냐만
한 번쯤 헐거운 삶도 피어보고 지는 것

해안도로 발걸음은 생각이 너무 많다
핸드폰 사진 한 장 추억을 소환하니
참았다 터트린 울음, 이렇게 가을이 핀다

* 비크레기 : 비탈지면서 거친 곳

- 제주어

수월봉 해국

아이고, 야이 보라게 아픈 ᄇ름 쿰어신게
거기가 어느 세겐디 메둘아 버텀시냐
수월봉 비크레기에 뿔리ᄂ린 웨로움

느도, 사름이, 이 시상이, 실펏구나게
슬프고 부치로운 일 누겐덜 읏이카만
ᄒ 번쯤 홀탁ᄒ 삶도 피어보고 지는 것

해안도로 발걸음은 셍각이 넘이 하다
핸드폰 사진 ᄒ 장 추억을 꺼내보니
춤앗단 왈락ᄒ 울음, 이추룩 ᄀ슬이 핀다

낙엽

집착을 안하면
저렇게 고와지려나
이리 밀리고
저리 밀리고
돌고 돌아도 제자리

여태껏, 가지 못하고
남몰래 앓던 내 사랑

■ 제주어

낙엽

집착을 안ᄒᆞ민
저영 고와질 건가
이레 밀리곡
저레 밀리멍
들구 돌아도 제자리

안즉도, 가지 못ᄒᆞ고
끈끈 알르는 나 ᄉᆞ랑

제4부 다시 나를 매단다

쇠별꽃 1

한 철만 보란듯이 피어나도 좋겠네

눈뜨고 허락못한 이 생의 슬픈 운명

그래도 허물어질까 침묵 속에 감춘다

울지 말자, 사랑이 남아있는 동안은

나를 꼭 잡은 손이 봄처럼 스며든다

밤마다 빗장을 지른다, 카톡카톡 별이 뜬다

■ 제주어

진쿨 1

혼 철만 보란듯이 피어나도 좋으켜

눈트고 허락못혼 이 생의 슬픈 운멩

경헤도 몰아지카 좀쭙혼 냥 곱진다

울지 말자, 스랑이 남아이신 동안은

나를 똑 잡은 손이 봄추룩 녹아든다

밤마다 빗장을 지른다, 카톡카톡 벨이 튼다

쇠별꽃 2

더러는 눈물 같고 더러는 한숨 같다

당신의 이름 석 자 수놓아서 죄 될까봐

뭇별들 성호를 그으며 손 모아 비는 건가

피는 게 죄가 되도 안 피는 건 죽음이다

반지에 새긴 약속 자분자분 열어보며

들길에 가득 번진다 설렌 오월 품은 꽃

■ 제주어

진쿨 2

더러는 눈물 긑고 더러는 훈숨 긑다

이녁의 일름 석 제 수놓으민 죄 뒈카부뎅

뭇벨덜 성호 긋이멍 손 모도완 비는 건가

피는 게 죄가 뒈도 안 피는 건 죽음입주

반지에 새긴 약속 자분자분 올아보멍

들질에 ᄀ득 번진다 설렌 오월 쿰은 꼿

백목련

보내지 못한 편지

층층이 쌓여가네

이 일을 어쩔거나

이 일을 어쩔거나

사랑을 다 피워내고

바람 속에 떨굴 일

■ 제주어

백목련

보내지 못혼 편지

ᄎ츰ᄎ츰 젱여지네

아이고, 이 노릇이여

아이고, 이 노릇이여

ᄉ랑을 믄 피와내고

ᄇ름 소곱에 털어치울 일

준치

젖은 내 마음의 결을
자구내에서 말렸다
습한 바람은 생각보다 깊어
내내 마음을 달랬다
날마다 흔들리기 위해 감당했을 생의 무게

너를 보낸 후,
한참을 말려봐도
젖은 기억은 그리 쉽게 마르지 않는다
도대불, 포구 끝자락 다시 나를 매단다

■ 제주어

준치

젖인 나 ᄆᆞ음의 결을
자구내에서 몰류왓다
습ᄒᆞᆫ ᄇᆞ름은 셍각보다 짚언
느량 ᄆᆞ심을 달렛다
날마다 흥글리기 위헤 존뎌실 생의 무기

이녁 보낸 후제,
ᄒᆞ참을 몰류와봐도
젖인 기억은 경 쉽게 몰르지 안ᄒᆞᆫ다
도대불, 포구 끗자락 또시 날 둘아맨다

꽃무릇 1

초가을 수목원은

아무것도 할 수 없네

그대 오는 발자국 소리

내 가슴 쿵쿵거리고

잠 못 든 불면의 시간만

불꽃으로 피었네

- 제주어

꼿물릇 1

초ᄀ슬 수목원은

아무것도 홀 수 읏네

이녁 오는 발자국 소리

나 가심 쿵쿵거리고

좀 못 든 불멘의 시간만

불꽂으로 피엇네

꽃무릇 2

가까이 갈 수 없는 지독한 형벌인가
또 한 번 사랑하고 또 한 번 죄를 짓고
또 한 번 용서를 빌자 그래서, 가을이다

누가 감히 사랑을 진압한다 하였는가
숨어있지 못하는, 짓무른 붉은 그리움
설마 하던 청춘아, 웃자란 내 청춘아

저들도 가슴 뜨거운 사랑이 있나보다
미쳐서라도 견디고픈 내 사유의 빈집 같은
결연히, 면죄부 내민 미친 내 일탈이여

■ 제주어

꼿물릇 2

가차이 갈 수 읏인 지독혼 형벌인가
또 혼 번 ᄉ랑ᄒ고 또 혼 번 죄를 짓엉
또 혼 번 용서를 빌자 경ᄒ난, ᄀ슬이다

누게가 경 ᄉ랑을 누르떠진덴 ᄒ여신고
곱안 싯지 못ᄒ는, 벌겅케 짓물른 그려움
게무로사 ᄒ던 청춘, 윤지게 도난 청춘

자이네도 가심 뜨거운 ᄉ랑이 잇나보다
미쳥이라도 존디고정혼 나 사유의 빈 집 끝은
ᄆ지직, 면죄부 내문 미친 나 일탈이여

꽃무릇 3

사람이 별로 뜬다는 건

얼마나 큰 위로인가

마음 속에 뜨는 별

영원히 지지 않는 별

잎과 꽃, 한 몸이 되고자

못 견디게 빛나는 별

■ 제주어

꼿물릇 3

사름이 벨로 트는 건

얼메나 큰 위로라

ᄆᆞ음 소곱 트는 벨

ᄂᆞ시 지지 안ᄒᆞ는 벨

썹광 꼿, ᄒᆞᆫ 몸 뒈고판

못 준디게 빗나는 벨

꽃무릇 4

차오르는 이 붉은 통증

누구의 울음인가

쓰지 말아야 할 단어로

고르고 골라내서

버리려, 했던 말로 다시 쓴다

그래, 나는 미쳤다

■ 제주어

꼿물릇 4

ᄀ득는 이 벌겅훈 통징

누게가 울엄신고

씨지 말아야 홀 말로

골르곡 골라내연

데끼젠, 헷던 말로 또시 쓴다

맞주, 나는 미쳣주

존자암 일기

어디로 가는 길이었나, 어디로 갈 수 있을까
허리에서, 무릎관절 혹은 전생 어디쯤에서
내 생은 발타라존자 야단법석 급커브하네

정녕 어머니는 어디로 가는 길이셨나
한라산 불래오름 살짝 올린 그 파마끼
티브이 채널 돌리듯 내 사랑도 바꿔보네

하원동 하늘자락 짜장면도 가위로 끊던
어머니 그 틀니, 키워드로 짚어보네
달가닥 달가닥대는 한 내력을 짚어보네

■ 제주어

존자암 일기

어들로 가는 질이라, 어들로 가 질거라
존둥이서, 독ᄆ릅 혹은 전생 어디쯤이서
나 생은 발타라존자 왕왕작작 급커브ᄒ네

춤말 어머니는 어드레 가는 질이라신가
한락산 불레오롬 슬리 올린 그 빠마끼
테레비 채널 돌리듯 나 스랑도 바꽈보네

하원동 하늘자락 짜장멘도 ᄀ세로 끈치던
어머니 그 틀니, 키워드로 짚어보네
돌가닥 돌가닥대는 ᄒ 내력을 짚어보네

양지공원에서

무엇이 슬픔이고 무엇이 그리움인가

죽어서도 줄을 서는 산천단 양지공원

어머님, 불 가득 품으니 눈발이 쏟아지네

근심 걱정 고통도 가벼워진 어머님

편안한 저편 세상 긴 잠을 여행하다

저 눈발 후려칠 때마다 다녀가면 좋겠네

■ 제주어

양지공원에서

어떤 게 슬픔이고 어떤 게 그러움이우꽈

죽엉도 줄을 사는 산천단 양지공원

어머님, 불 ᄀ득 쿰으난 눈발이 쏟아졈저

근심 걱정 고통도 가베와진 어머님

펜안호 저펜 시상 진 좀을 여행ᄒ당

저 눈발 ᄂ려칠 때마다 뎅겨가민 좋으켜

주민세 고지서

대문 앞 집배원이 부르는 이름 석자

계세요? 고정순 씨? 우편물 왔습니다

어머님 고정순 씨는 이승 떠나 일 년쯤

그 이름 부르다가 현관에 남긴 메모

두 번째 방문해도 고지서 송달 불가

어머님, 주민세래요 얼른 나와 보세요

■ 제주어

주민세 고지서

대문 앞 배달부가 부르는 일름 석제

싯수과? 고정순 씨? 우펜물이 왓수다

어머님 고정순 씨는 이싱 떠난 일 년쯤

그 일름 불르다가 현관에 남긴 메모

두 번차 촛아와도 고지서 송달 불가

어머님, 주민세렌마씨 제게 나와 봅서게

맥주 한 잔

사는 것 별것 없다 공허한 잔의 울림

가끔은 흔들리고 비우고 채워야지

우주가 공명에 잠겨 어질어질 누운 밤

어머님 보내두고 세간살이 정리하다

툭, 걸린 콩 한 줌에 시린 통증 덧나도

세상사 맥주 한 잔으로 잠재우는 겨울 밤

■ 제주어

맥주 훈 잔

사는 게 벨거 웃다 공허훈 잔의 울림

가끔쓱 홍글리고 비우곡 채워사주

우주가 공명에 줌견 어지렝이로 누운 밤

어머님 보낸 후제 세간살이 정리ㅎ단

툭, 걸린 콩 훈 줌에 시린 통증 도나도

시상사 맥주 훈 잔으로 줌제우는 저슬 밤

제5부 오늘은 맑음

꺼

우산을 펼쳐 들면 손잡이에 묻어나는
누구꺼 누구꺼로 희미해진 이름들
딸 아들 흩어진 날부터
비만 오면 남는 글자

'꺼'라는 이름 안에 언니의 안부도 있다
거제도 출가물질 뼛속에 바람들면
당산봉 오름 능선도
우산이 되는 거다

아버지는 거기 있어, 언제나 거기 있어
식구들은 흩어져도 우산살은 남았다
숟가락 젓가락 사이, 녹도 반쯤 먹는 사이

■ 제주어

꺼

우산을 페와 들민 손쳅이에 묻어나는
누게 꺼 누게 꺼로 게믕헤진 일름덜
뚤 아덜 갈라진 눌부떠
비만 오민 남는 글체

'꺼'옝훈 일름 소곱엔 언니의 안부도 싯다
거제도 출가물질 뼷소곱 브름 들민
당오름 오롬 능선도
우산이 뒈는 겁주

아부지는 그디 셔, 아모 때고 그디 셔
식구덜은 갈라사도 우산술은 남앗다
숫가락 젯가락 스이, 녹도 반쯤 먹는 스이

천왕사 가는 길

누가 저 하늘에 민박집 지었을까
산처럼 외로운 사람 쉬어가라 했을까
저물녘 제주시 뜨는 탱탱한 종소리 같은

고작해야 이쯤서 입적하실 것이면서
녹내장 걷어내듯 허공에 집 지으셨나
할머니 사십구잿날 멧밥 같은 수국이여

나비 좇는 딸 아이도 큰줄나비 되었네
까치무릇 피어난 은은한 봄내음에
할머니 종 속에서 운다, 산 메아리로 운다.

■ 제주어

천왕사 가는 질

누게가 저 하늘에 민박집 짓어신고
산추룩 웨로운 사름 쉬어가렌 헤신가
주뭇께 제주시 뜨는 땅땅혼 종소리 곹은

제우 요디쯤이서 입적호실 거명도
녹내장 걷어내듯 허천에 집 짓어신가
할머니 사십구젯놀 멧밥 곹은 사발꽃이여

나비 좇는 똘 아이도 큰줄나비 뒈엇저
까치무릇 피어난 은은혼 봄 냄살에
할머니 종 소곱서 운다, 산 메아리로 운다.

전농로에서

그 사람 눈빛처럼 영원할 듯 핀 벚꽃
바람에 한 올 한 올 꽃잎이 흩날리자
너 울지? 놀리던 친구 제가 먼저 울었네

꽃가지 사이사이 어른대는 사람아
우리 생애 꽃잔치 몇 번쯤 남았을까
오늘도 추억의 뒤란 저 꽃으로 운다네

■ 제주어

전농로에서

그 사름 눈빛처름 영원홈직 핀 벚꽃
브름에 프들프들 꽃썹이 느려가난
느 울멘? 놀리단 벗이 지녁 무녀 울어라

꼿가젱이 스이스이 얼랑이는 사름아
우리 생애 꼿잔치 멧 번쯤 남아시코
오널도 추억의 뒤란 저 꼿으로 나도 울어라

종달리 수국길

오늘은 종달리에서 수국으로 만나요
풀잎에 몸 숨기고 이마에 별 달아주며
해풍에 허물어지는 일
그마저도 좋으니

이렇듯 간절하면 가 닿을 수 있나요
내 안에 수국수국 피어나는 밀어들
세상사 심드렁한 척
숨긴 향기 깔린 길

■ 제주어

종달리 사발꽃질

오널은 종달리에서 사발꽃으로 보게마씀
풀썹에 몸 곱지고 임뎅이 벨 돌아주멍
해풍에 물아지는 일
경호여도 좋으난

영호듯 간절호민 가 닿아질건가양
나 소곱 수국수국 피어나는 밀어들
시상사 심드랑훈 첵
곱진 향기 끌린 질

금등화 1

훤한 낮 외면한 채 거꾸로 세상 본다
잠재운 그 이름이 화들짝 일어서서
밀물로 물보라 치며 찾아드는 낮 한 시

눈뜨면 멀어졌다 눈감으면 다시 온다
그리운 상념들이 줄줄이 기어든다
갱년기 녹슨 심장에 타오르는 꽃등불

■ 제주어

금등화 1

훤훈 낮 외면훈 냥 거꿀로 시상 본다
줌재운 그 일름이 화들락 일어사서
들물로 물보라 치멍 촛아드는 낮 훈 시

눈뜨민 멀어졋당 눈 곱으민 또시 온다
그려운 상념덜이 줄줄이 기어든다
겡년기 보민 심장에 타올르는 꼿등불

금등화 2

얼마나 가고프면 담장을 넘었을까
그 길이 떨구어야 할 죄인 줄 모르는가
여름날 비상등 켜고 질주하는 저 여자

한 점의 상처 없이 한 점의 흔적도 없이
너처럼 다 주고도 해탈할 수 있다면
움켜쥔 모든 것 놓고 온몸으로 피고 싶다

■ 제주어

금등화 2

얼메나 가고프민 셋담질 ᄒ여신고
그 질이 털구어사 홀 죄인 중 몰람신가
ᄋ름날 비상등 싼 냥 돌려가는 저 여ᄌ

ᄒᆞᆫ 점의 상처옷이 ᄒᆞᆫ 점의 페적도 웃이
느추룩 몬 주고도 해탈홀 수 이시민
볼끈 젠 하간 거 내불어뒹 온몸으로 피고정ᄒ다

금등화 3

나 너를 사랑함도 꽃 한 송이 피우는 일

주름진 그 얼굴에 검버섯 짙어져도

어차피 지는 생이라 슬퍼하지 말아요

오십견 어깨 통증 잠 한숨 못 잤어도

아직도 난 뜨거워 땡볕보다 더 뜨거워

주홍빛 불잉걸처럼 온몸으로 피어요

■ 제주어

금둥화 3

나 이녁 ᄉ랑홈도 꼿 ᄒ나 피우는 일

주름산 그 양지에 검버섯 진혜져도

도새이 지는 생이라 칭원ᄒ다 맙서게

오십견 둑지 통징 좀 ᄒ숨 못 자멍도

안적도 난 어떠불라 뗑벳보담 더 어떠불라

주홍빛 불잉경추룩 온몸으로 피엄수다

장미

가시로 엉켜있던 지난날 편린들이

말 없는 기도처럼 베란다 타고올라

세상에 아파했던 일, 꽃으로 돌아왔네

■ 제주어

장미

가시로 얽아지단 지난 놀 펀린덜이

말 웃인 기도추룩 베란다 탄 올라완

시상에 아팡ᄒ던 일, 꼿으로 돌아왓네

꽃편지를 쓰고 싶다

날마다 보내오는 핸드폰 앨범 속에

오롯한 나는 없고 꽃들로 가득하다

시간의 환한 틈새로 꺼내보는 이 봄날

무작정 주소불명의 꽃 편지 쓰고 싶다

어디세요? 라 쓰고 다음 행은 보고파요!

도저히 소환 못 하는 경계선 저쪽으로

■ 제주어

꽃편지 씨고정ᄒ다

메날메날 보내오는 핸드폰 앨범 소곱

오롯ᄒ 나는 웃고 꽃덜로 ᄀ득ᄒ다

시간의 휜ᄒ 트멍으로 꺼냉 보는 이 봄날

무작정 주소불멩의 꽃편지 씨고정ᄒ다

어디우꽈? 옌 씨곡 다음 행은 보고정ᄒ우다!

애당추 소환 못 ᄒ는 경계선 저 착으로

늦가을 가문동 1

그대에게 하고 싶은 말

간절할 때 쓰겠습니다.

때때로 안부 물어보세요

오늘은 맑음입니다

가문동, 번진 노을이

오늘 쓴 편지입니다

- 제주어

늦ᄀ슬 가뭇코지 1

이녁신디 ᄒ고정ᄒ 말

간절홀 때 쓰쿠다예

가끔썩 안부 들어줍서

오널은 잘도 좋수다

가문동, 번진 노을이

오널 씬 펀지우다

늦가을 가문동 2

너에게 가는 길은

껍데기 버리는 일

그리움 세포마다

마음 귀 열어놓고

오늘도 아끈코지에

너의 이름 새긴다.

■ 제주어

늦ᄀ슬 가뭇코지 2

느신디 가는 질은

껍데기 데끼는 일

그려움 세포마다

ᄆ음 귀 올아놓고

오널도 아끈코지에

이녁 일름 새긴다

늦가을 가문동 3

나에게 오기까지 얼마나 걸렸을까

그대의 서정에서 내 서정 읽는 날

달빛도 꽃이라는 걸 지천명에 알았다

■ 제주어

늦ᄀ슬 가뭇코지 3

나신디 오젠ᄒ난 얼메나 걸려시코

이녁의 서정이서 나 서정 읽는 놀

둘빗도 꼿이라는 걸 쉰나문에 알앗다

| 해설 |

형상화된 시와 제주어의 물큰한 감성

양전형(시인)

1.

나가 김신자 시인신디 들어봐십주. "어떵ᄒ난 젊은 사름이 경 제주어를 닮암직이 들엄직이 ᄀ곡 써졌수과? 놈덜 들음이 부치러와 붸진 안ᄒᆞᆸ네까?" 들으난, "아니 무사, 나가 제줏말로 닝끼리는게 듣고정치 안ᄒᆞ우꽈? 게고 글을 제주어로 족는 것도 나가 좋아라ᄒᆞ연 ᄒᆞ는 겁주기. 게민 곤밥 먹은 소리로만 ᄒᆞ렌 말이우꽈? 제주 사름이 뒈영 제주어를 안 쓴뎅 ᄒᆞ민 그거 말이우꽈 보말이우꽈?" ᄒᆞ멍 둥차게 ᄀᆞ라부난 중치멕현 뭐셴 더 들어보들 못ᄒᆞ커랍데다.

데껴불고 이ᄌᆞ분 삶은 다 어드레 감신고
누게 온기산디사 안적 남은 벌경ᄒᆞ 소파
아파트 이ᄉᆞ 행렬에 처분만 지드린다

독무룹 까진 다리 실밥을 토액흔다
꼼꼼이 꿰멘 나 가심도 푹 까지고 터졋다
구슬이 스폰지추룩 멜락 앚인 오후 흔 때

노란 딱지 그 시간도 청소차가 실러간다
반착 생 자울아져도 웨고집 흐나로 앚안
어머니 숨비소리로 멜싹 까진 소파의 시간
— 「헌 소파의 시간」 전문

 감동이다. 시에다 제주어를 입혔으니 제주어를 아는 사람은 그 예쁜 용모의 서정을 접할 수 있다. 특히, 제주어 시에 보통 나타나는 옛 어른들의 생활이야기 시점이 아닌 완벽한 현재 시점에서 전래 제주어를 사용했다는 것은 '제주어문학'이 발전할 수 있다는 희망의 미래를 예고해주는 것이다. 사람 사는 세상에 모든 사물이 생명체로써의 본질을 신비스럽게 갖고 있다는 느낌이 온다. 사람의 한 생애도 그렇듯 풍성하고 만족한 시절엔 잘 느낄 수 없는 애환들이 늙거나 병들어 인생을 마감하게 되었을 때 비로소 과거 현재 미래라는 시점을 뚜렷하게 인지하게 되는 게 아닌가. 하물며 무생물인 한 사물의 일생이 끝에 서 있는 걸 보고 시인은 일순 그동안 무심코 살아왔던 자신을 성찰하며 닥친 현실과 막연한 미래를 은유하고 있는 시이다. 시의 이미지에는 시간과 공간을 꼭 넣고 이야기를 하라고들 말한다. 시공이 무엇이겠는가. 얼핏, 이 시공이 사람 사는 모든 걸 지배하고 있다 해도 전혀 틀린 말은 아니라는 생각이 든다. 이 시 '헌 소파의 시간'에서 일체만물이 끊임없는 생멸변화로 한 순간도 동일한 상태에 머

물러 있지 않다는 것을 의미하는 무상을 느끼게 한다.

    훤ᄒᆞᆫ 낮 외면ᄒᆞᆫ 냥 거꿀로 시상 본다
    줌재운 그 일름이 화들락 일어사서
    들물로 물보라 치멍 춧아드는 낮 ᄒᆞ시

    눈뜨민 멀어졋당 눈ᄀᆞᆷ으민 또시 온다
    그려운 상념덜이 줄줄이 기어든다
    갱년기 보민 심장에 타올르는 꼿등불
    —「금등화 1」 전문

  금등화란 능소화를 다르게 부르는 꽃이름이다. 시 속의 사물 전체를 의인화하여 시인 자신의 상념이거나 또는 시인의 현실 상황을 말함이라 하겠다. 쉬운 제주어로 쓰인 시라 쉽게 이해할 수 있고 형상화한 그 장면은, 담장을 기어올라서 핀 꽃이 세상을 거꾸로 쳐다보는 일. 그 의미심장한 금등화가 심상으로 떠오르며 독자는 화자의 고백을 궁금해하게 된다.

  어떤 화자나 시공 등에 상관없이 사람의 사상이나 감정과 경험 따위를 문학을 목적한 제주어로 쓰였다면 '제주어문학'일 것이다. 이 제주어문학을 아직은 많은 사람들이 공감하는 단계에 이르지 못했지만, 제주어로 쓰여진 작품집들을 더러 볼 수 있다. 제주어시조집은 최초로 발표한 고정국 시인 뿐인 걸로 알고 있고 그렇다면 이 시조집을 낸 김신자 시인은 역사적으로 두 번째 제주어시조집을 내는 셈이다.
  제주섬에 특별한 언어가 있다는 것은 복 받은 일이며

섬의 언어는 그 섬의 정체성을 폭넓게 품고 있다. 그러나 그 제주어문학 작품 쓰기를 하다보면 어려운 점들이 많다. 표준어로 바꿨을 때 표준어와 제주어의 뜻이 상호간 완벽하게 일치하지 않는 경우가 많고 비슷한 제주어라도 인용할려면 말하고자 하는 취지에서 다소 벗어나게 된다. 반대로, 표준어로 써놓고 제주어로 바꿔놓으려 하면 상호간 언어의 맛이나 뜻의 차이 때문에 좀 어색한 느낌이 있다.

어쨌든, 제주어를 가치있게 보전하는 방법 중 하나인 이 제주어문학이 상당히 중요한 위치가 될 것으로 믿으며, 여기에는 제주어도 있고 문학성도 높은 작품을 써야 한다고 전제하는 것이다. 표준어로 바꿔 놨을 때도 그 작품성을 인정받을 수 있어야 한다는 말이다. 그리고 제주어 작품을 쓸 때, 구술성과 문자성을 결합하여 옛날 풍경만이 아닌 현시대 이야기들을 많이 쓰면서 제주어의 외연을 확장시키고 의미있는 제주어의 시각 청각 촉각 등 공감각적 표현으로 신세대의 이목을 끌 수 있어야 한다.

전제한 여러 사항을 종합했을 때, 김신자 시인이 젊은 나이인데도 제주어를 얼마나 많이 공부했는지 전통적이고 전래적인 제주어를 최대한 동원한 이 제주어 작품은 물론 표준어로 바꿔놓은 작품 또한 탄탄하게 문학성을 유지하며 쓰였다는 사실이, 제주어 살리기 운동에 나름대로 열심히 하고자 하는 필자로서는 고맙게 느껴지기까지 한다.

2.

    한 짝이 없는데도 나머지 신발 한 짝
    외로운 이 봄날에도 꽃그늘 받쳐 있네
    추억을 몸에다 내 논 마당가 진달래꽃

    처녀 적 이 주소로 그 편지 또 왔을까
    막내딸 건사하는 아버지 취기 속에
    바다는 불배로 뜬다, 먼 섬은 기침 소리

    지워라, 문지방에 쥐똥색 생년월일
    때 절은 벽지에서 아버지 등장하면
    새벽녘 옥돔 한 마리 금비늘로 날뛰네

    갯마을 봄 한자락 물고 선 참민들레
    휘얼훨 떠다니는 설익은 갯비린내
    마당에 태왁으로 뜬 일편단심 어머니
     —「친정집 소묘」전문

  뚜렷한 형상화로 전달되는 이 시 한 편 속 시인의 서정에 몇 폭의 그림이 그려져 있다. 시내에 나와 살면서도 고향의 친정집은 옛 추억과 함께 시인의 가슴속에 늘 자리한다. '허름한 집 풍경에 들어있는 마당가 진달래꽃과 그 그늘 아래 버려진 헌 신발 한 짝' '취기 중이라도 막내딸 쓰다듬어 주던 아버지의 사랑과 어등 가득한 고향 앞바다와 멀리 보이는 섬의 기침소리' '때절은 벽지의 방과 파닥거리던 옥돔 한 마리' '바닷물에 떠서 작업할 때 생명줄이 되는 태왁과 어머니의 끈질긴 삶이 동일시되는 이미지'가 그것이다.
  김신자 시인은 2004년도에 〈열린시학〉으로 문단에

등단했지만, 시집 한 권 없이 현실에서의 야무진 삶을 챙기느라 시의 기본 구도가 될 수 있는 모든 일상의 희로애락을 가슴속에만 그림으로 차곡차곡 그려뒀었는가 보다. 이제 아이들 다 키우고 살림도 어느 정도 안정된 지천명에 이르니 감성이 물큰하게 풍기는 그 그림들을 표준어 또는 제주어 시로도 승화시키며 한 폭씩 꺼내놓은 게 아닌가 생각된다.

정격시조로 또박또박 쓰여진 이 작품 속에서 형상화되어 다가오는 장면들이 곧 이미지인 것이다. 현대시의 핵심은 이미지에 있다고들 말한다. 시의 맛이 이미지와 리듬에 있다 해도 과언이 아니다. 이미지즘(imagism)은 구체적이지 못한 애매한 일반관념을 피해서 하나의 형상을 구체적으로 표현하며 적확한 용어에 의한 운율에 중점을 두고 명확한 심상의 표현을 추구하는 20세기 초 영국의 자유시 운동을 말했던 시의 한 구도이지만, 현대시에서는 이런 이미지의 중요성을 크게 강조하고 있는 것이다. 다시 말해 이미지는 '말로 만들어진 그림'이라 할 수 있는데 여러 가지 비유와 현상들을 내세워 독자의 상상력을 자극하여 어떤 영상을 떠올리게 하는 등 형상화를 유도하는 것이라 생각된다.

    허걱, 이 녀석 봐라 아픈 바람 품었군
    거기가 어느 세곈데 매달려 버텨보나
    수월봉 비크레기에 뿌리내린 외로움

    너도, 사람이, 이 세상이, 싫었나보다
    슬프고 부끄러운 일 누군들 없겠냐만
    한 번쯤 헐거운 삶도 피어보고 지는 것

해안도로 발걸음은 생각이 너무 많다
핸드폰 사진 한 장 추억을 소환하니
참았다 터트린 울음, 이렇게 가을이 핀다
— 「수월봉 해국」 전문

　제주의 가장 서쪽 끝머리에 있는 한경면 고산리에 가면 제주에서 가장 넓은 들이 있다. 그 들판 끝 해안가에 나지막한 봉우리가 하나 있는데 그것이 수월봉이다. 그 정상에 있는 '팔각정'에 앉아서 바라보는 낙조는 정말 장관이다. 김신자 시인의 고향은 한경면 용수리이다. 용수리 앞바다에 서면 에메랄드빛 바닷물과 그림 같은 차귀도가 보인다. 용수리와 고산리 사이에 차귀도를 굽어살피며 서있는 듯한 148미터 높이의 당산봉이 있다. 김 시인은 고향 나들이 때 한가한 시간이면 이 바닷가의 해안도로를 즐겨 걷는다.

　관념적인 것과 실제적인 기법으로 그림을 그리는 화가의 마음처럼, 김 시인의 시적 기법도 고향 '당산봉' '용수리' '차귀도' '수월봉' 등을 스케치북으로 하여 자신의 정서를 시로 그려내는 것 같다. 이 시 '수월봉 해국'을 읽으면 시에 그려진 상황들이 가슴에 떠오르며 한눈에 보여온다. 가을이라는 것. 시인의 눈에는 모든 사물이 인간과 다른 바 없는 심성을 가져있다는 것. 시인 자신이 보유한 세상에 대한 환멸이거나 실망 따위를 이 수월봉 해국이 먼저 품고 있다는 일종의 질책(?). 그러나 시인은 해국을 탓하는 그런 그림을 그리면서 그게 곧 자신임을 미리 알고 성찰하는 것이며, 그러면서 지금껏 살아온 삶 중에 비록 실망스럽고 슬프고 부끄러운 시간들이 있었을망정 다시 찾아온 이 가을에는 뭔가 새로움을 찾아야 한다는 현실을 직시하는 듯하다.

시의 정답은 수학의 공식처럼 판정되는 게 아니다. 시의 정답은 작가의 뜻이며 독자의 마음이다. 시인의 뜻이 인생의 향기를 피우기도 하고 불태우기도 하면서 다양한 색상의 옷을 시에다 입혀 세상에 내보내 독자들로 하여금 답그림을 가슴에 그리도록 하는 것이 아닌가.

3.

>옛날 들르는 날세 점지ᄒ는 일이랏다
>쎈 절에 버인 힐리 ᄒ 밧디레 모다난
>아든노, 어머니 인생 가닥가닥 엮인다
>
>아든노, 어머니 인생 가닥가닥 묶은다
>매 순간 사는 일이 ᄆ작 짓는 일이라민
>어머닌, 생의 어디 어디 맞ᄆ작 지어시코
>
>ᄒ 세월 좀녜의 삶 멩줄로 엮아가멍
>올올이 몸을 풀멍 촛농에 감겨오는
>풀어도 풀지 못ᄒ는 우리 어멍 들멘 목심
>— 「아든노」 전문

이 시는 이미지를 만들기 위한 상상의 소산도 아니고 사실을 토대로 '아든노'라는 사물이 갖고 있는 역할을

어머니와 한데 묶어 해녀들의 '목숨줄'을 은유하고 있
다. 그리고 이렇게 제주어로 시를 쓰는 일이 그리 쉬운
일이 아니다. 제주어 시 자체만으로도 작품성을 인정
받아야 하고 표준어로 바꿔놔도 수준 높은 작품이 나
와야 한다. 게다가 정형시는 더 특히 제주어로 음보와
운율을 유지하는 등의 더욱 어려운 시 작업이 아닐 수
없다.
  이 작품을 이해하기 위해선 별도의 해설보다 김신자
시인의 인생과 시에 동원되는 사물을 해설하는 게 더
좋을 듯하다. 목숨을 걸고 바다에 뛰어들어 해산물을
채취하고 삶을 영위하는 제주 해녀, 김 시인의 어머니
도 해녀이다. '테왁'은 해녀가 물 속에서 일을 하다 잠
시 의지하여 숨을 쉬기도 하고 망사리에 담은 해산물
을 놓치지 않도록 매달리게 하여 작업이 끝날 때까지
물에 떠서 해녀와 운명을 함께 하는, 해녀에게 있어서
가장 중요한 어구의 하나이다.
  김신자 시인은 나이든 부모가 늦둥이로 낳은 막내딸
이다. 다른 형제들과의 터울 차이가 많아 나이든 부모
들은 얼마나 애지중지 하였을까. 어촌이었지만 어업과
농업을 겸업하였기에, 밭일과 바다의 일을 번갈아가며
하는 살림이었기에 부모들이 어느 현장이든 이 막내딸
을 꼭 챙기고 다녔다고 한다. 시인의 입장에서는 어린
나이에 산전수전을 다 겪었다 할 정도로 고생이 많았
을 것이다. 그래서인지 김 시인의 시는 풍부한 경험을
바탕으로 한 흔적이 분명하게 보이고 깊은 공감을 느
낄 수 있다. 그리고, 젊은 나이에도 토속적인 제주어로

만 소통하며 함께 지낸 부모 때문에 한참 위의 연배들에 못지 않게 제주어를 잘 구사하는 그 이유도 가늠할 수 있다.

김 시인의 시적 모티브 대부분이 부모를 포함한 가족과 고향이다. 그리고 현학적이지 않으면서 꾸밈없이 리얼을 지향하며 정형시의 운율에 알맞은 시어를 잘 구사하고 있다. 모티브란 시인의 의지적 행위에 결정적 역할을 하는 본능이나 욕망이다. 이 말을 김 시인의 시 쓰기에 대입시킨다면 김 시인의 시 쓰기의 본능 속은 늘 부모를 포함한 가족들과 함께 한다는 말로 바꿔놓을 수 있다. 아래 일련의 시들을 보면 김 시인이 일상에서 품고 다니는 시세계의 모티브를 짐작할 수 있게 한다.

> 아린 맛 중독성엔 질긴 내력 있는 거다
> 생강 전병 좋아하는 어머니의 둥근 마음
> 아홉살 오일장에서 또렷하게 읽었다
>
> 신념의 어린 생각 마침내 어른 된 후
> 생강 전병 사들고 올라탄 완행버스
> 용수리 비포장도로 굼뜨게 가도 좋았다
>
> 세월이 흘러갔다 등굽은 내 어머니
> 생강 전병 꺼내보며 "이 없어 못 씹겠다"
> 어깨를 슬쩍 움츠리며 맥이 빠진 목소리
>
> 아린 맛 중독성엔 질긴 내력 있는 거다
> 생강 생각 아린 날 한밤중 내 딸 아이

마튼디, 엄마 좋아하는 생강과자 사고갈까?
―「생강 전병」 전문

어떠난 둥근 기억 데끼지 못헤신고
수돗가 돌담 우티 득도 후제 초연홈
때 절은 헌 밥솟 ㅎ나 시간덜을 퍼낸다

어떤 늘은 무당집, 어느 늘은 절간으로
십 년간 소식 읏인 딸 소식 점지ㅎ명
밤새낭 굴류와 놔둔 언어덜토 퍼낸다

기주, 저영, 지 혼차 주름이 져시카이
식은밥 볶으던 저 소곱
둘둘 볶은 세월도 싯고
주름진 어머니 늣도 새겨진 이실 테주
―「헌 밥그릇 ㅎ나」 전문

떠돈다, 친정집 녹슨 재봉틀로 떠돈다
두 달치 조제된 약 봉지채 받아들면
접수증 경계선 따라 건너오는 생각들
―「건너오는 생각들」 중 셋째수

어머니영 감낭은 느리내낭 휘어가고
날세만 우쳐가도 정지문 삐각삐각
흔 생을 무사 줏참신고 허둥치는 저 쏘네기
―「염색을 ㅎ명」 중 셋째수

아부지는 알고 잇다 저 물절이 ㅎ고픈 말을
화상물 절벡이서 밤새낭 울던 생이를
설룹게 오롬 능선이 걸어놓은 물ㅁ르
―「당산봉, 생이기정질에서」 중 셋째수

흐린 날 재봉틀도 신경통을 앓나보다

바늘귀 속 하루가 가로지른 바다에
큰언니, 일금 삼천원 품을 팔듯 누빔질한다
— 「어머니의 불턱」 중 첫째수

비닐에 싸 두엇단 십만원 읏어졋저
땅으로 꺼져신가 하늘로 솟아신가
누게고! 빌어먹을 놈 뒤어지당 남을 놈

도독놈아 보거라 할미 돈 잘 먹어샤
방문에 떠억 부쩐 어머니의 포고령
혼 번은 용서홀 거난 제발 사름 뒈라게

종이 위 맞춤법덜 엇박자로 들러퀴고
분절에도 죽아논 애줏이는 측은홈
춤말로 니 귀 방장혼 어머니 호통 핀지

도독님도 봐신가 부쩐 핀지 읏어지고
어머니 입엣ㅂ절 트멍트멍 들려오던
또렷혼 아이의 눈에 올아젼 신 안방문
— 「어머니가 도독신디」 전문

4.

'시를 왜 쓰는가'를 물었을 때 시인들마다 다르게 답이 나올 수 있을 것이다. 그래도 결국 시를 써야겠다는 자기 지향점에 자의식이 자리하기 때문에 시를 쓰는 게 아닐까. 인간이 자기의 존재를 드러내는 데에는 무수하게 많은 형태의 표현 방법이 있지만, 예술을 통한 표현도 그림 음악 무용 시 소설 등 다양한 형식이 나온다. 그것들 중 언어를 매개로 하여 표현하는 문학인 경우, 그 언어가 가지고 있는 기능을 최대한 활용하여 각 개체마다는 외로울 수밖에 없는 사람들 사이에 연대감을 조성하고 안정감과 아름다움을 공유하려는 목적으로 시를 쓰는 게 아닐까. 그렇다면 그 연대감을 조성하면서 공감을 이루려는 주제는 무엇일까. 그것은, 인간이 태어나서 사는 동안 경험했던 것들과 그럴 개연성이 있는 상황들과 실현 가능 여부에 상관없이 예술적인 상상력 등을 바탕으로 하여 형성되는 여러 가지 주제 곧, 인간생활의 모든 것이라 할 수 있겠다.

김신자 시인은 그 여러 가지 주제 중 자아 속에 대못처럼 박혀있는 주제가 하나가 더 있다. 사부곡이다. 자신을 늦둥이로 세상에 있게 한 아버지. 술을 너무 좋아하시지만 막내딸을 무척이나 사랑하고 많이 품어주셨던 아버지의 그 품이 너무 그리워 그리움의 새처럼 틈틈이 날아올라 아버지의 품에 파고들며 그 품을 그려내고 있는 것이다. 시인은 자신의 무의식 속에 갇혀있는 무수한 체험들을 관조하며 이미지를 만든다. 시인에게 살아 움직이는 듯한 그 느낌이 잘 전달되도록 독자들에게 이미지를 제공하는 것이겠다. 새들이 하늘을 날고 싶을 때 높이 비상하듯 김 시인도 떠오르는 아버지가 시상으로 변이되며 펜을 들게 되는 것이리라.

  더이상 용수 포구엔 배가 들지 안흔다
  바당을 ᄀ로질런 메와가는 저 포클레인
  절부암 ᄉ연도 이젠 유물추룩 떠돌켜게

무사 경 제게 가신고, 내불고 간 주멘증
지금쯤 저싱이서 불심검문 안 당흐카
폐비닐 저 오존층에 가두와진 아부지

수월엔 멀미난다, 어질머리 저 방ㅅ탑
우리 집 궤짝꼬지 동티를 막아주단
소로기 저 늘랜 눈빗, 눈알 쪼는 그려움
— 「주멘증」 전문

  아버지가 돌아가심으로 인해 고향 포구에 아버지라는 배도 사라진 것이다. 덩달아 옛 포구가 현대화되며 옛 흔적이 사라지는 게 아버지를 잃는 느낌처럼 아프다는 것이다. 지금도 이승에 있는 궤짝 속에 아버지의 주민등록증이 남아있다. 신분증 없이 어떻게 저 세상을 배회하고 계실까. 이러한 시적 사유들이 아버지를 향한 그리움과 함께 시인을 지배하고 있다.
  아래의 시 「아부지가 주신 시계」 「아버지 양복」 두 편에서도 시인의 절절한 사부곡이 들리며 시인의 아버지가 보이는 듯한 시이다.

아이가 꾸왔던 꿈 시계를 ㄱ지는 꿈
앙상흔 홀모게기에 기려주던 아부지
그 시간 친정집 돌아 갯바우에 공회전흔다

이녁 시곗줄 줄연 나 홀목에 채우던 늘
지금 멧 시? 지금 멧 시? 시계만 보게 흐던
지샷개 애기똥풀아, 앞니 빠진 그 물음아

아부지 가시는 늘 시간도 자릴 떳다
청멩돌 당산봉 무덤 알람에 일어사카

은젠가 돌아오켕 흔 시간 약속 헤두컬
— 「아부지가 주신 시계」 전문

우리 집엔 분홍보따리 가보처럼 의젓하다
일 년에 한두 번은 햇살도 쬐어주는
집문서 밭문서보다 더 윗자리 양복 한 벌

일본에 간 아버지의 꿈, 챔피언 벨트였다
밀항의 인생 한 방 회심의 어퍼컷 한 방
오십 년 꽉 품어안은 궤짝 속 분홍보따리

아버지 따슨 온기 그 안에 남았을까
어머니 눈 때문에 못 썩는 좀약 하나
찔레꽃 하얀 향기로 야무지게 버틴다
— 「아버지 양복」 전문

5.

 이 시집 〈당산봉 꽃몸살〉에서 김신자 시인은 모든 일상에서 꽃을 많이 주시한다는 걸 알 수 있다. 시인들은 시를 씀에 있어서 인용하는 사물의 속성과 이미지를 확장하면서 비유하며 시를 쓰지 않는가. 특히 꽃을 소재로 하여 쓰는 시들이 부지기수라는 걸 시를 읽는 사람들은 다 안다. 조물주가 세상 모든 걸 창조하여 만들었다면 '꽃'은 조물주가 만든 작품들에서 최고의 걸작품 중 하나라고 할 수 있겠다. 꽃을 설명하는 앞에는 '아름다운' '향기로운' '방긋이 웃는' '청초한' '사랑스런' 등 좋은 수식어들이 가득하다. 이 꽃을 의미적으로 확

대하여 풀어본다면 수많은 이미지가 나올 수 있을 것이다. 예를 들어, 희망(인생의 꽃이 피길)・성공(그 사람 **꽃으로 활짝 피었어)・아름다움(그대는 **꽃 같아)・사랑(**처럼 향기 나는 사람이여)・구애(나 지금 그대 향해 **꽃으로 필 것 같아요)・눈물(**꽃처럼 울었다) 등 자아의 주제를 이 꽃 속에다 이입시키며 시를 쓰는 경우가 많다고 하는 말이다.

김신자 시인 또한 시의 소재로 꽃을 인용하며 자신의 서정을 많이 피워내는 것 같다. 분명하지는 않지만 사랑이거나 희망 따위 삶의 어떤 부분을 피워 올리고 싶어한다는 걸 다음 일련의 시의 행간에서 느낄 수 있다.

'당산봉'은 시인의 고향을 지켜주는 산으로써 아버지와 같은 존재다. 돌아가신 아버지도 거기에 묻혀 계시면서 해마다 찔레꽃 혹은 들국화로 환생한다며 시적 자아의 위로를 찾는다.

> 누가 저 하늘에 민박집 지었을까
> 산처럼 외로운 사람 쉬어가라 했을까
> 저물녘 제주시 뜨는 탱탱한 종소리 같은
>
> 고작해야 이쯤서 입적하실 것이면서
> 녹내장 걷어내듯 허공에 집 지으셨나
> 할머니 사십구젯날 멧밥 같은 수국이여
>
> 나비 좇는 딸 아이도 큰줄나비 되었네
> 까치무릇 피어난 은은한 봄내음에
> 할머니 종 속에서 운다, 산 메아리로 운다.
> ―「천왕사 가는 길」 전문

한철만 보란듯이 피어나도 좋겠네
눈뜨고 허락못한 이 생의 슬픈 운명
그래도 허물어질까 침묵 속에 감춘다

울지말자, 사랑이 남아있는 동안은
나를 꼭 잡은 손이 봄처럼 스며든다
밤마다 빗장을 지른다, 카톡카톡 별이 뜬다
― 「쇠별꽃 1」 전문

오널은 종달리에서 사발꽃으로 보게마씀
풀썹에 몸 곱지고 임뎅이 벨 돌아주멍
해풍에 물아지는 일 경ᄒ여도 좋으난

영ᄒ듯 간절ᄒ민 가 닿아질건가양
나 소곱 수국수국 피어나는 밀어들
시상사 심드랑ᄒ 첵 곱진 향기 끌린 질
― 「종달리 사발꽃질」 전문

ᄀ득는 이 벌겅ᄒ 통징
누게가 울엄신고
씨지 말아야 홀 말로
골르곡 골라내연
데끼젠, 헷던 말로 또시 쏜다
맞주, 나는 미쳣주
― 「꽃무릇 4」 전문

　김신자 시인은 필자와 함께 25년 전쯤 「한라산문학 동인」으로 2~3년 자유시 공부를 함께 했었다. 그 후 김시인은 가정을 꾸려 생활하면서 2000년도 이후에 시조를 쓰기 시작했다. 앞쪽 해설에서도 일부 나왔듯 가난한 어촌에서 나이 든 부모의 늦둥이로 태어나 가난

속에서의 고생 경험도 많지만, 방송대 국어국문과를 졸업하고 초등학교 등지에서 논술교사로 20여 년간 생활하고 있으며, 지천명에 이르러 제주어 공부를 시작하면서 제주어 강사를 겸하고 있고 학구열이 높아 제주대 교육대학원에 입학하여 '제주어 교육방안'을 연구 및 공부하는 중이다. 시인으로서 세상 보기와 작품 쓰기도 월등하고, 사회생활에서도 근면 성실 검소에서 으뜸이다. 김신자 시인의 첫 시집 출판을 진심으로 축하하며 앞으로 대성하기를 기원한다.